수묵화

장충원 시집

수묵화

한강

시인의 말

햇볕과 바람과 비 있어
돋아나는
작은 잎입니다

2025년 10월
장충원

장충원 시집 　　　　　　　　　　　**수묵화**
　　　　　　　　　　　　　　🅒 🅡

□ 시인의 말

제1부

혼적 —— 13
제부도 —— 14
수묵화 —— 16
세월 —— 17
안면도 —— 18
화안 —— 19
반추 —— 20
회현동 —— 21
화폭 —— 22
저녁 하늘 —— 23
메밀꽃 —— 24
장날 —— 26
그대가 있어 —— 28
모지랑붓 —— 29
저물녘 —— 30
기다림 —— 31
허밍 코러스 —— 32

수묵화　　　　　　　　　　　　　　　　　장충원 시집

제2부

35 ── 꽃씨
36 ── 오서산
37 ── 더디 살아도
38 ── 비 오는 날
39 ── 기억
40 ── 소풍
42 ── 어딘가
43 ── 여유
44 ── 속초항
45 ── 매미
46 ── 전동차 안에서
47 ── 친구
48 ── 냇물
49 ── 물결
50 ── 하얀 들꽃
51 ── 지하를 벗어나
52 ── 인사동 골목
53 ── 옛 모습
54 ── 정경
55 ── 소낙비

제3부

웃음 —— 59
벚꽃 —— 60
꽃이 핀다 —— 61
난향 —— 62
낙화 —— 63
적막 —— 64
손 편지 —— 65
초록 —— 66
젖은 목소리 —— 67
면회 —— 68
못다 한 말 —— 69
아픈 기억 —— 70
산수유꽃 —— 71
배웅 —— 72
주말농장 —— 73
이명 —— 74
다림질 —— 75

수묵화   장충원 시집

제4부

79 ── 산길·1
80 ── 산길·2
81 ── 연습
82 ── 귀로
83 ── 추도
84 ── 길짐을 싸며
86 ── 남향집
87 ── 위로·1
88 ── 위로·2
90 ── 낙엽·1
91 ── 낙엽·2
92 ── 통화
93 ── 봄날
94 ── 구름
96 ── 기억의 나무
97 ── 눈물
98 ── 섬진강 일기
100 ── 수담

□ 평설_김광원

제1부

흔적

산자락 돌아
넓은 돌밭 밑으로 흐르는
시냇물
강으로 스며드는
섬진강 고운 모래밭

옷을 벗어 놓으면
어느 곳에 소낙비 왔는지
물이 불어
흔적 없이 떠내려가 버리듯
앙상한 뼈마디를 드러내
자갈만 모여 있다

오가던 줄배도 없어지고
누군가 말없이 헤집어 놓은 산자락
풀어헤친 가슴보다 아프게
건너다보인다

제부도

눈이나 비가 온다고 하더니
싸락눈 조금 내리고
하늘만 종일 젖어 있다

발을 씻기고 있는 제부도에 들러
움켜쥐고 있어도
검불같이 마르고 가벼워진
허허로운 것들 버리고 나올 때
어두워 가는 섬 가장자리 모래밭은
옷자락 스치는 소리만 가득하다

잠기고 있는 제부도 앞
등 시린 모닥불 매운 연기에 울며
조개를 올려놓은
초겨울

누군가 손 내밀어
바닷길 여는 신비로운 제부도
느릿하게 저녁 바다 갯벌을 나오는

노을 한 자락
돌아가는 발길을 붙든다

수묵화

수묵화 같은 겨울날
눈이 내린다

아기들의 환한 웃음소리
들리고
요란할수록
눈은 더 많이 내린다

눈이 오는 날
외진 곳에 서 있는
구부정한 소나무처럼
아내 머리
하얀 꽃송이 가득하다

흩날리는 눈 속
봄 향기 언뜻
징검다리 더불어 건너오고 있다

세월

길 나서는 섬진강
지리산 발치 휘돌아 펼치는
더할 수 없이 아름다운
오래된 산수화

계절은
철따라 정성껏 곱게 차려입고
여백으로 남은 정결하고 신비로운 허공에
무엇을 더하고 더하려고
마음 설레이며 마중을 나서는가

여전히
화폭에 담지 못하는 바람결
더디 가거나
기뻐 달려도
아랑곳없이 제 길 가는 세월
환하게 꽃을 피우고
길 가득 향기를 더하는가

안면도

안개 자욱한 서러운 안면도
오래된 소나무
모래밭 찾아드는 파도 소리 기다리는데

곱게도 춤추는 물이랑
환하게 웃으며 달려와 아쉽게 물러가고
겨울 바다는 아무래도 쓸쓸하다

들물 지울 수 없는
지나면 아름다운 그림자
무늬 고운 조개껍질 되어
부드러운 모래 끝자락 모여 살고

바닷가 모래언덕
바람 일어도 그리움 오래 참고
가는귀 먹어도 파도 소리 사랑하는
붉은 해송 숲으로 서서
기다리는 마음 가득 안고
바닷가 젖은 모래를 밟으며 가고 있다
하염없이

화안 花顔

작은 몸짓 하나
큰 기쁨인 어린 네 모습
여전히 귀엽고
입 크게 벌리고 우는 사진인데
웃음이 배어 나온다
얼마나 고마운가
웃음꽃이 피는 때와 같이
그냥 그대로
모두 사랑스럽기만 하구나

활짝 피어
가득 웃고 있는
환하고 아름다운
얼굴
밝은 세상 열리는 문이었구나

반추反芻

생각한다고
화난 목소리로 말하는 아들
내보내고
적막하게 텅 빈 자리에 무너져 내린
어두운 밤
'더는 보내는 일 없게 하소서'
허망한
그 간절한 기도를 한다

떠나면
어느 곳에
기다리는 건 아니었구나

하는 말
나도 모르게 거짓이 섞이는
화인火印 맞은 노인
젊어
아버지 마음 아프게 한 열매
기어이 거두는 것이리라

회현동

서울역 건너편
희미한 기억으로 남은
회현동 천막 공장 자리
어린 동생을 두고 온 1960년대를 지나며
잘못 남아 버린 시간
길을 걸으며 날려보낼 때
휘황하게 이름표를 달고 있는 백화점
서점은 없고
책방이 어느 곳인 줄 모르는
어린 친구도 지나가고
잘 보이지 않는 눈으로
남산 공원 입구
해골 같은 건물 빈자리를 지키는
'갈 곳이 없다'는
소월 시비를 더듬고 있다

도망치듯
시내를 휘젓고 다니는 버스를 탄다
창밖은
기억으로 가는 길을 지우고 있다

화폭

조각 그림 맞추듯
오랜 날 그리는
선은 두고
점 하나 묻히지 못하는
하루

욕심
분주하고 조급한 걸음으로
많은 날
물감 섞이듯 쏟아져
어둑한 화폭

모이면 환하게 번지는
빛
어두운 구름
아름다운 노을빛으로 물들이는
저녁 하늘이 곱다

저녁 하늘

서두르거나
머뭇거리지 않는
하룻길

화사한 옷자락 펼치며
정결한
황금 모래 언덕 지나는 저녁
잠시
온 하늘 가득 머무는
신비롭고
눈 시리도록 황홀한 광채

아름답게
춤추는 환희의 모든 불꽃
가득 담은
수많은 향연 드높이 올리는가

메밀꽃

하얗게 웃고 있는 메밀꽃
화분 하나
외진 자리 환하구나

봉평 넓은 메밀밭 둘러 쉬고 일어서는데
종이컵에 메밀 담아 손에 쥐어 주던 마음
이리도 새하얀 웃음인 줄이야

화분에 부어 놓은 채 잊고 사는
여름 내내
손길 닿지 않는 끝없이 펼쳐지는 들녘에서
초록으로 수줍게 기다리는
약속이었구나

구김 하나 없이 맑은
하얗디하얀
메밀꽃 피는 9월이 오면
그리움
순박한 향기로 조용히 번지는 나날

그리도
아름다운 선물이었는가

장날

덧없고 헛된 일로
허둥지둥 살다가 우연히
심심한 날
스멀거리며
달뜨게 하던 장날의 풍경 손 내밀어
노변 장터로 나선다

새 옷차림으로 산길 십여 리
나룻배로 강물도 건너
축제로 모이는 장날
북새통에서 반가운 사람들과 웃고 떠들고
손 놀릴 수 없는 농사로 힘겨운 날 하루
나들이하듯 쉬는 장터
지친 마음을 일으켜 세우는
반가움과 즐거움이 뒤섞인
소란한 환성이 살아 움직이는
흥겨운 날

노을 설핏 내리면

강아지라도 팔고 돌아가는 서운한 밤길
머리 위로 쏟아지던
하얀 별빛
얼마나 먼 그 길 달려왔을까

그대가 있어

그대가 있어
허기진 하루가 가고
보고 싶다

잡을 수 없는 바람인 줄
알면서
소식이 오지 않는 저녁

기억으로 가는 길
목이 마르고
허망한 생각은
지워도 아픔이 남아

비라도 오는 날은
걸어 줄
작은 유리구슬 하나
마련해 두자

모지랑붓

노안老眼은
모지랑붓인가

안개비 내리는
어느 산천 한 자락
뿌옇게 보이는 대로
대충 그려도 좋을 거라며
아주 먼 길 돌아
허무는
추억 가득한 봇짐

가슴에 들어와 사는 고향
바라보면
오래된
귀하고 귀한 고운 묵향
조용히 번진다

저물녘

얼굴은 씻어도
변하지 않는 마음
아침나절 강 건너는 길에
머리를 감는다

사랑보다
여전히 또 자랑이 앞서는 하루
저물녘
갈증 난 마음 적시며 돌아온다

팔 내려뜨리고
어두워진 가슴 더러 헹구는
어스름 저녁
강변 불빛
길게 내려서는 물그림자가
참으로 곱다

기다림

설레는
기쁨

온종일 서성이는
생각

아름다운
꿈결 같은 여백

먼—길
더 가는 마음

허밍 코러스

꽃잎 지는
늦은 밤

허밍 코러스
숨죽이는 밤비 소리

잠들지 못하고
어느 곳에서 무얼 하는지

빗소리 다독이는
그— 머언 길

제2부

꽃씨

허공에 피었다 지는 꽃씨
꽃샘추위 지나
환하게 피어 웃는다

흔들리는 찬바람 앞이나
비 내리는 들녘
햇볕 부시게 쏟아지거나
고운 얼굴 땅으로 툭 떨어지는 날
변함없이 웃으며

더 아름답고 더 향기로운 세상
그런 욕심 없이
속마음까지 웃고 웃으며
사랑을 전하고

계절이 바뀌면
시리도록 하얀 눈꽃이 되어
천지 가득
아련한 그리움으로 내리며
꽃씨로 날린다

오서산

눈이 많은 서해안 내포
삼족오 전설이 깃든 신령한 오서산
안개 속에 서 있는 길을
아내와 쉬엄쉬엄 가파르게 올라 돌아보니
중턱에 걸린 낮은 구름 밀려가는
반은 텅 빈 아래 두고 온 날들
아름다운 풍광 언뜻 지나간다

새벽달 뜨는 형상
누에 머리 드는 모양의 능선※
해풍에 밀려 오른 갈대밭
춤추듯 걷는다
사랑하는 사람아
함께 지나가자
밝은 세상을 향하는 태양의 새
봉황으로
섬같이 떠 있는 오서산
그 고운 안갯길

※오남팔경烏南八景의 잠수효월蠶首曉月

더디 살아도

미워하는 것 죄라는 말
뜬금없이 생각나는 것은
사랑할 수 없으면 미워하지 않기를
또 얼마나
헛걸음하게 하려는 것일까

감싸지 못한 세월로
높은 하늘 외진 가지에 매달린
까치밥같이
더디 살아도
길 나서는 일 남아

단풍나무 날개 달린 꽃씨
날아가듯
가볍게 털고 일어서는 욕심을
다시 부려야 하는가

비 오는 날

집 나서서 전동차를 탄다
성내에서 성수역은 지하를 벗어나
지붕 사이 낯익은 골목
조금은 멀리 보이는 아차산
도봉산 인수봉 넓은 가슴이 보이는
정겨운 풍경이다

참으로 오랜만에 비가 온다
용마산은 능선을 지우고 있다
살아 있는 모든 것
비에 젖어 아름답다
조용해서 더욱 아름답다
꽃이 곱다
지는 꽃잎도 화려하다

그리움은 바람에 흔들리고
비 내리는
기억으로 남아 잔잔한 호수
오랜만에
옛 친구 얼굴 파문이 번진다

기억

옷자락 스치는
인연으로 오는 정겨운 사람들
그 아름다운 이름 귀한 선물인 것을

함께하는 마음 그리도 쉽게 잊고
소중히 간직하지 못한
하늘빛 스쳐 사라지는 날들

밤하늘 별똥별 두셋
저 먼 길 한걸음 달려와
비어 있는 세상 기웃하는
물 베이는 틈새
아리게 피어오르는 고마운 기억들

소풍

늦도록 뒤척이던 8월
만나면 반가운 사람들과
잠이 덜 깬 서늘한 해산터널을 나와
구름 피어오르는 산을 바라보며
빗방울이 묻어나는 차를 마신다
여름이 내려가는 길
매미는 아래편에서 울고 있다

비 젖은
화천 지나 춘천 가던 길에 생각이 남아
돌아서서
서투른 발길로 덕천계곡 들러
다시 춘천
어둠이 짙게 풀어진 소양호를 떠돌다
온몸으로 흥겹게 절렁이는 가위 소리
서러운 여운 담아
뒤를 바라보며 오는 길은
느릿하게 사라진다

산마루 아래는
영롱한 불빛 가득한 밤길이다

어딘가

살아온 날은 시나브로 희미해지고
이해할 수 없어도 밀어낼 수 없는 건 늘어
늙은 고집
여린 마음에 밀리는 3월 끝자락

일상을 떠나
한강 건너 아차산 능선을 바라보며
밝은 불빛 가득 잠기어도 흘러만 가는
입원실 야경을
아들에게 보낸다

사랑하는 사람들
잠 못 이루며 어딘가 서서 기다리는
온통 뿌연 하늘
시름없이 비가 씻어 내리고 있다

여유

가는 길
멈칫하는 일 없이 모두 바쁘다
도리어
늦은 걸음 주춤하는
서운한 마음 앞에
달려오던 누군가 멈추어 서는
낯선 여유

우연히
좋은 일 만나는 틈새나 되고
웃으며 머뭇하는
우줄우줄 걸어가던 그 따뜻한 마음
속 더 깊어지는
나들이 되기를

속초항

밤 기차
하얀 옷자락 날리며 가고
가을비에 젖은
한적한 속초항

세월의 발자국
차마 지우지 못하는
인적 없는 밤바다
깜박이며 출렁이는 불빛
기인 그림자

멀리 떠나보내지 못하는
그리움
안고 있다

매미

깊은 침묵 속에 얻은
소리
여름 몇 날 그 한평생
숨 멈추고 늘어지는 가락을 토하듯
소리하는데

모든
허물 벗어던지고
그리 간절히 쏟으려는 것은
무엇인가

얻은 것
두고 가는 세상
잘 전하지 못하는 안타까운
마음
다시는 돌아올 수 없어
동네를 흔드는가

전동차 안에서

어린이가
종이컵을 들고 전동차를 탄다
조마조마한 마음으로 바라보는데
출발하며
태평스러운 앞에서
출렁한다
아직은 젊은 녀석인데
화장지 한 장 웃으며 내어민다
아름다운 정경이다
못내 흐뭇하고
드문드문
환하게 빛을 뿌리고 있는
작은 별들
싫은 말보다
웃음으로 감싸며 안아 주는가

친구

고향 집 오랜 친구
노란 목걸이 늘어뜨리고
사라진 기억의 아름다운 뜰
꽃 지는 아픈 자리마다 뛰어다니던
기쁜 환성으로 찾아와
잎 지고 드러나는
부끄러움 배어드는 주황빛 볼
가슴 온통 설레이게
주렁주렁 널리는 고향길 한없이 달리며
모든 것 들려 떠나보내고
높은 가지 끝 빨간 까치밥 하나
기어이 멀리 보내며
옛집 안고 있던 모습
고운 잎 사르던 그리운 향내로
자욱하게 피어오른다

냇물

산골짜기 철벅거리고 내려와
더러
듬성듬성 건너는 징검돌 씻기고
아무 일 없는 듯
스치고 가는 냇물
고집 없이
낮은 곳으로 향하며
아뢰는
정결한 낮은 목소리
슬며시
고마운 마음 벙그러져 노래하고
춤추며 흐르는
그 잔잔한
아름다운 햇빛 반짝이는 물결

물결

맑은 날
조용히 흐르는 강물
산기슭 적시고 여기저기 돌아오며
함께 길 나선 시냇물
밀리고 어우러지는
고운 긴 폭 무늬를 이루고

옆으로 더디 흐르는 물결
끝나면 바다 되는 하구로 향하고
늘어진 버들
풀어헤친 꽃씨 날리는
부드럽게 번지듯 흩어지는 송홧가루
날리는 봄날

생명의 아름다운 꽃물결
잠시
그림 한 폭 펼쳐 놓는다

하얀 들꽃

곱게 빛바랜 노을
가득 이고 가는
바쁜 길
어느덧 멀어지고
생각하면
하얀 들꽃
그리 좋아하던 날들
화폭 가득
눈이 되어 내리고 있다

지하를 벗어나

전동차는 바쁘게
가고 오며
낯익은 건물이나 골목도 없는
어두운 동굴에 걸린 창
표정 없는 문
타고 내리는 역만 남아

수면 위로 올라오듯
지하를 벗어나 버스를 탄다

오가던 길머리
연한 녹색 늦은 봄날
여전히
환하게 반기는 오래된
건물 하나
아카시아 꽃 드러나는 공원을
바라보고 있다

인사동 골목

오래된 세월
골목으로 길게 펼쳐진
인사동 거리

눈에 선한
초록빛
쏟아지는 여름날
환하게 반기던 그 사람 오가던 거리
화랑이며 문방사우
골목을 밀고 나오는 손때 묻은 유산들
뒷골목으로 들어선 석상
하루 이틀 가는 길보다 기인
정겨운 골목

흔적만 두고
꽃 피고 지는 소식 없이 떠나
어느 기억으로
돌아오려는가

옛 모습

수락산 초입
8월 가는 그늘진 돌길
손바닥만 한 우산 들고 반은 젖어
소리 없이 흐르는 개울 더듬어 오르지만
빗방울 소리 굵어지고
산길 들어서는 자리 낯설기만 하다

지나가면 생각나고
마주 온다 해도 알 리 없는 사람
만나지 못하면
빛바래고 희미하게
옛 모습 그냥 마음속에 접히듯 남는가
기웃거리는
오래전 낙엽제 기억은 두고
빗속에
에돌아 하산을 한다

정경

물안개 피어오르는
이른 아침
눈 비비며 안기는 듯 아련한
산천
한가로이
넓은 하늘 아래 떠 있는
정경
몽환처럼 아름다운
아늑한 품

소낙비

소낙비
세차게 쏟아지는 빗줄기
시원한
여름날
숨죽여 우는
마음
다독이는 소리

제3부

웃음

평온한 작은 몸짓 하나
큰 함성으로 돋아나도 여린 꽃망울
어이
바람결 지나는 허공 난간 흔들며
드는가

화창하거나
비 내려도 기쁜 소식
철따라
꽃 피우는
아름다운 생명인 것을

사랑이 지나는 그 긴 골목 정겨운
끝자락
주름진 얼굴
어색한 웃음도
웃고 웃는 일 환하게 달려온다고
꽃이 핀다

벚꽃

희미한 향기
허공에 두고 내리는
연한 꽃잎
하얀 눈 속에 날린다
벚꽃은
피어
가슴 환하게 젖어드는 날

꽃이 핀다

달 뜨는 저녁이면 달맞이꽃이 핀다
눈 오는 날은 하얀 눈꽃이
이름 없는 외로운 곳에는 더 많은
꽃이 핀다
짐짓 몸을 젖히고 양팔 벌리고 있는 산 위
어깨춤 추듯
구름꽃 피어나는 하늘
마음 닿는 곳마다
기뻐하는 웃음꽃이 핀다

난향

남도에 꽃망울 맺히는
봄 오는 아침

어지럽게 향기를 토하던 작은 난꽃
하나
온 집안 축제이더니
학처럼 날아내려
곱게 너울거리며 춤을 춘다고
아내는 환하게 웃는다

시절은
신비롭게 가고 오는
순백의 조심스러운 여백인 화폭

난 잎
주욱주욱 뻗어 오르고 더러는
길게 휘어지며
묵향 가득 번지고 있다

낙화

대나무숲 같은 도심
하늘과 구름 조용히 내려와 있는
낮은 곳
석촌호수
벚꽃은 피어 함성 가득하고
나들이 큰 물결마저 출렁거린다
조용할 날 없이
시끌시끌하거나 말거나
세월은 제 길만 가는
햇볕 무더기로 쏟아지는 대낮
바람은 불어
희미한 기억으로 남은
느리고 어눌한 말투이듯
꽃비
저리 흩날리고
오래도록 잊고 사는
조금 드러난 뿌리 곁으로 모인 봄날
꽃단장을 하고 있다

적막

웃음소리 활짝 번지고
벽에 온통 출렁이는 줄 그리고 다니던
아들아

하필이면
마음 다독여야 하는 예닐곱 때
갓 태어난 동생에게 기울이는 사랑을
조심하지 못하였구나
터울 진 동생을 사랑하기만 바라던
되돌아갈 길 없는
열네 살 되도록 따라오는 동안
얼마나 외로웠느냐
어리고 어린 가슴에 더는 담지 못하고
폭우로 쏟아지던 그 눈물
망연히
적막으로 쌓이고 쌓인다

구름 위의
변함없는 햇볕 같은 웃음이나
피어나면 좋겠다

손 편지

사랑하는 아들아
편드는 때보다
넘어지는 일이 많았구나

사랑은
신뢰나 잘잘못, 옳고 그름까지도 넘어서서
아파하면 위로하고 안아 주는
버팀목이면 되는 것을
모자란 사랑으로 안타까워하며
더러는 미워하고
오래도록 참지 못하였구나

꽃 피고 지고
모든 계절을 보내며 기다리는 열매
자라듯
우리 넘어진 자리 털고 다시 일어나
처음보다 환하게 웃으며
함께 가보자

초록

적막한 산 중턱 지나던
구름
널찍이 발길 내려놓는
봄 가는 날
불탄 아픈 자리 어루만지듯
새롭게 들풀 돋아나
생명과 사랑의 물결로 흘러넘치는
기쁜 함성 가득한
초록
날마다
산길 굽이굽이 지나 한바탕
새로운 축제 펼치는가

젖은 목소리

아직은 쌀쌀한
목련 끝가지 부풀어 오르는
2월 끝자락

꼬마 녀석은
더러는 철 이른 반바지로 분주하게 몇 날
머리를 길렀다 묶었다 하더니
다시 바가지 머리가 되고
군입대 한다고
늘어지는 봄날 더디 갈 터인데
민둥산이 되어 떠난다

그렇게 떠나고 보내는 연습을 하며
손을 놓지 못하고
목소리가 듣고 싶어도
사랑한다고 말하는 것이 서툴렀다고
젖은 목소리만 남는다

면회

초여름
하늘을 흔들고 있는 바닷바람은
쌀쌀하구나

잠깐 바라보고만 있어도 고마운
사랑하는 아들아
낭떠러지 등대 곁에 두고
돌아오는 길에
비가 무겁게 쏟아진다
어두운 폭우 속에
나라 지키는 일은 잘하고 있는지

아픔을 드러내지 않으며 자라는
잠시 멎은
바닷가 정경이 눈에 선하구나

못다 한 말

떠내려가듯 건너는 나루터 줄 서서
묵묵히 기다리며
하늘 가는 구름을 바라본다

내려놓지 못한 무거운 것은
어느 곳으로 가고 있는가
나는 또
무슨 못다 한 말 있어 머뭇거리는가

사랑한다고
미안하였노라고
고마웠다고
슬퍼하지 말라고
감사하자고

아니
웃지 못하였구나
많이 많이 웃으라고나 하자

아픈 기억

나 돌아가
다시 시작할 수 있다면
참으로 좋겠다

어릴 때
기차가 보고 싶어
큰형 배웅한다고
짐 진 작은형 따라 역을 다녀왔다는
잊고 살아온 아픈 기억
지키지 못한 고향 빈집에서 듣는다

섬진강 따라 오가는 삼십 리
너무나 멀더라고
걸어서 걸어서 돌아오는 길
무심한 강물은
어둠과 함께 따라오고

어린 날 나 돌아가
지우고 다시 시작할 수만 있다면
얼마나 좋을까

산수유꽃

어린아이 걸음으로 오는
봄날
노란 꽃길
조금 더 추운데
산수유꽃 묻은 흔적
동생의 어린 날 아픈 기억으로 가는
길목에 서서
아랫녘 소식을 서둘러
전한다

사나운 바람 흔들며
잠시 머무는 엉크러진 가지 끝
작은 산수유꽃 가득한
그리운 사람 기다리는 산동마을은
봄날이란다

배웅

할미꽃 피는 산촌
가는 날
진홍빛 노을 질펀히 풀어놓고
손짐 하나
들기 싫어하던
아린 기억
세월 따라 흘러 떠가는가

돌아서도
흐트러진 발자국
낙엽 밀려가는 을씨년스러운
소리
달빛 스미듯
배웅하는
그리도 애틋한 밤길

주말농장

궁리한다고 제멋대로
들리는
잎만 무성한 주말농장
심고 가꾸는 것
하루 욕심내서 되는 일이던가
콩꽃 피기 전
줄기 잘라야 하는데
뒤늦게
한바탕 아픈 마음으로 다듬는
콩밭 긴 이랑
함께 오지 않는 가족 기다리는
행여 하는 생각
그래도
구부정한 몸
길 걸으면 한결 가벼워지고
손 가는 대로 자라는 아름다운 초록
바람결에 넘실거린다

이명耳鳴

계절 없이 등 시리다
바람 부는 이른 새벽
많은 사람은 서둘러 일터를 향하여
첫차로 떠나고

마음 조마조마한
늦을 듯 말 듯한 시간
한산한 버스를 타고 새벽길을 간다
사거리나 건널목에 잡히는
안타까운 여유
창밖 물끄러미 보이는 세상

시도 때도 없이 외로운
너는
왼쪽에서만 울어대며 무슨 말을
그리하고 싶은가
늦으면 늦은 대로 가는 길 외면하고
찾아오는가

다림질

월복越伏이라 더위가 오래 간다는
어느 여름 한낮
앞서가는 모시옷이
여유롭기만 하다

지금이야
구겨진 옷을 입으면 되는 것을
모시 남방
두 손에 잡히며
숯불 담은 무쇠 다리미를 들고
땀을 흘리시던
어머니

다림질 뜨거운 열기 피하느라
조심하지 못하고
걱정 듣던 기억마저 그립고
정겨웁구나

제4부

산길 · 1

산길
조용히 풀꽃 피고
나무뿌리 더러 내어미는
징검다리 놓인 돌 위 건너는
무성한 풀숲
발길 닿지 않는
더할 수 없는 아름다운
한적한 길
조금은 낯선 바람 선뜻 지나가
지워진 오랜 흔적 드러나고
흐트러지면
더 가리고 조심스러울 아픔 없는
눈에 보이지 않은
그러한 길
열리는가

산길 · 2

풀꽃 아랫녘에서
더디 오더니
진달래 만발한 동산으로
가버리고
들풀만 남아 웃자라는
인적 없는 마당
늙은 집 붙들고 있는 감나무
한 그루
매달리는 파란 열매
비탈지고 센바람 따라
화사한 산길로
붉은 단풍 찾아드는 길
하염없이
바라보고 있다

연습

사는 날
떠나는 연습인지
몰라

아름다운 동백
툭— 떨어지듯 먼저 떠나
그리운 사람으로 머무는
세상

잠시
산국山菊
스산하게 남아

곱게 지는
오랜
이별 연습을 하고 있다

귀로

여름 내내 비에 젖은
어둑한 하늘 아래
불빛 옹기종기 둘러앉은 골목
잠들지 못하는
새벽
늙은 마음 재촉하여
강줄기 거슬러
흔적 없이 떠나온
외진 산자락 품으로 다시 돌아가
가슴에 묻고 사는 회한
모두 내려놓는
등 다독이는 햇볕
이제는
되찾아 갈 수도 없는 그 길마저
두고
돌아온다

추도

환하게 웃고 떠드는 동생들
소식 없이
많은 날
어느 구석에 숨어 사는지
보이지 않더니
추석 지나
어머님 추도 예배로 한둘 찾아와
다시 연기 사라지듯 떠나고
외로운 사람들끼리
세상에 속한 일들
애써 외면하지만
돌아보면
마음 시리도록 아리는
조금 더 사랑하지 못한
아픔이구나

길짐을 싸며

나서는 길에
준비한다고
웃어도 곱지 않은 얼굴로
유서를 쓴다

수장도
화장도
어려우면
헌 옷은 나누어 주자

많은 날 머물러도
부끄러운
열병 앓은 얼굴

눈물은 모여
세월의 강물로 흘러가고
무엇이 마음에 남았는지

저녁연기 피어오르면

어두운 열매 모두 거두고 떠나는
길짐을 싼다

남향집

집을 지을 때만 해도
앞은 남향받이
뒤는
찬바람 시리게 받고 견디는 북 편
산기슭에서 골라
세운다

3대가 덕을 쌓아야 산다는
남향집

이제는
반공중에 올려놓은 둥지 같은 집
빛을 바라보며
꽃이 피고 지는 여름 지나
서둘러 시린 겨울이 오면
눈처럼 하얀 백학
먼 길 너울너울 춤을 추며
찾아오려나

위로 · 1

무슨 할 말이 남아 있는가

어느 하나
함부로 말할 수 없더라는 말씀으로
위로하고
얼마를 지나
아프게 다짐한 것이 엊그제인데

아직은
웃음을 담아 전할 수 없는
옹색한 마음으로
무슨 할 말이 있던가

함께 하기까지 쉽지 않은 자리
두고 간 웃음
맑은 향기로 머무는데
고마움보다
자랑이 그리 앞서는가

위로 · 2

아프지 않은 마음 있겠는가
부끄럽지 않은 날 있는가

흐르는 강물 따라 일렁이는
크고 작은 물결
더러는 소낙비 더러는 가랑비로 쏟아지고 내리는
애틋한 눈길
큰사랑 받은 이만 자기를 사랑하고
누군가를 편하게 안아 주며 기다릴 수 있는데

환하게 꽃피어도 좋을 웃음
인색하였나

크게 가리워진
그래도 변명하려는 마음이 남고
숨어들고 싶은 자리
도리어 드러나 일어서게 하는가
소중한 그릇 어느 한 모퉁이라도 흘리게 하여
더 담을 수 있게 하는가 모를 일인 것을

말보다는
더 따뜻하고 든든한 버팀목이 된 손길
맑은 향기를 품고 있네

낙엽 · 1

잎 지는
시절 따라
숨이 멎을 듯한 춤사위
하얀 흔적
시화
고운 선율
아리도록 시린 사연
세월 밖으로
내리는
영원한 정적

낙엽 · 2

아주 잠시 꽃 피는
기쁨보다
돌아서는 모습이 아쉬운 잎들
펄럭이며
머리 숙이고
고운 물들이는
화사하고 아름다운 날
흐리지 않는 몸
가누고
그리 떠날 수는 없는가
마음 가벼우면
조용히 내려설 수 있는가
비는 내리고
떨어지는 잎
꽃보다 많은 빛 적시고 있다

통화

어깨에 힘 하나 없고
머리도 조금은 수굿하여
주저앉는다
그래도
바라보는 곳 없이
아주 멀리 내다보이는 듯하는
고갯길 팔십 리 재 넘어가며
고맙고 고마운
아내 전화를 받는다
한동안 소식 없어 걱정하던
아들과 통화하였다고

어느 가을날이었을까
어린 두 아들을 안고 있는 화면
갑자기 환하게 웃는다
지나가는 골목시장은
여전히
정겨운 달뜬 목소리 가득하다

봄날

해묵은 붉은 열매 아련히
남은 채
나도 모르는 사이
서둘러
산수유는 꽃을 피우고
바람 센 지난밤
풍장風葬이나 되는 듯
비바람 속에 매달려 있는 솔방울
잡은 손 놓을 수도
어느 한순간 지울 수도 없는 날
온 정성으로
솔 씨 다 날려 보내고
여전히
철 지나 무작정 달려 있다

춘설春雪이나 펄펄 날리려나

구름

창밖
멀리 보이는 능선 위
넓은 화폭

머무는 듯 떠가는
고운 후광 번지는 회색 물결의
놀라운 승화
하나이듯 가는 순례자
고요 속 더 높이 오르려는가

천둥보다 더 간절하게 부르는 그 음성
듣지 못하고
보이지도 않을 낮은 세상
비추는
신비로운 광채

그 빛 따라나서는 자유로운
영혼
기뻐 즐거워하며

드높이 펼쳐진 거룩한 길
가는가

기억의 나무

그리움이
오후의 분수마냥 흩날리는
낡은 가각을 건너노라면
언제나
마주 오는 사람
기억의 나무
어느 이파리에 머무는가

함께하지 못하고
스치듯
지나만 가던
많은 날
희미한 기억으로 남아
시린 바람 속
새순 돋아나는 자리마다
아련하여라

눈물

정결하고
값없이 받을 수 있는 귀한 것
조금씩 때 묻히며
시간 함부로 물 쓰듯 사는
되돌아가는 길 없는
그 소중한 날
아득히 먼 길 돌아
구름보다 하얗게 눈비로 내리는 눈물
타드는 곳 적시고
바람 따라 깨끗하게 하는 발걸음으로
서성이며
새 생명 돋아나도록 지켜보고
함께하는
가슴속 깊이 흐르는 물줄기

섬진강 일기

　너무 멀리 왔을까
　달빛 젖은 고향 집 옛 모습 사라져 가는데
　눈앞에 선한 산천

　그냥 그대로 쌓이는 산그림자 휘어져 안고 있는 섬진강 물언덕
　지리산 자락 돌아 달려오는 바람결 반기는 소란스러운 여울물 소리
　들꽃 향기 곱게 머물다 가는 강기슭
　서둘러 뛰다 넘어지며 부딪히고 숨차게 모여
　모두 징검다리 건너듯 가슴 가득 그리움이 되었나

　숨쉬는 신비로운 순간마다 돌아갈 수 없는 길
　많은 사람 만나고 돌아가거나, 변하는 세상 떠도는 것도 아닌데
　너무나 멀리 와 버렸을까

　물결 위에 주저앉은 그림자 남기고 흘러가며
　줄배 보내는 여름날

뜨거운 햇볕 쌓이는 하얀 백사장
수박꽃, 오이꽃 환하게 피고 주렁주렁 열매 달리는
큰물지면 질펀히 묻히는 개펄도 있어
물속 풍덩거리는 장난꾸러기들 집수박 서리하고
머뭇거리는 강물 오르내리며
오리그물이나 줄낚시 끌고
모자라지도 않으며, 욕심 버리는 거 배우느라
무더운 여름철 그런대로 즐겁게 보내고
붉은 노을 흘리며 떠가는 강줄기
함께 나란히 누운 오래된 기억

노란 달맞이꽃 무더기로 피어나듯
별무리 하얗게 쏟아지는
멀리 두고 온 산촌
그리 아름다운 것을

그리도 아름다울 줄이야

수담

지키거나
더러는 이기고 지는
돌이 죽고 사는 모임 기웃거리며
버리는 용기 없는
욕심
줄이고 또 줄고
이제
더디 두거나
날마다 스스로 내려놓으며
말없이
따뜻한 말 나누고 싶은
더는
험한 걸음 할 수도 없는,
살아 있어
고마운 남은 날들

평설

[평설]

변화와 불변이 공존하는 불이不二의 예술 정신
— 장충원 시집 『수묵화』

김광원 | 시인, 문학평론가

1. 시를 쓰는 이유

　예술가들이 예술 활동을 하는 이유는 시인들이 시를 쓰는 이유와 다르지 않을 것이다. 모든 예술 활동은 감각 작용을 통해 이루어진다. 문학예술 또한 시각과 청각 등의 총체적 감각을 통한 형상화 작업으로 이루어지며, 이러한 작업을 통하여 생성되는 내재적 상징은 한 예술 작품이 존재의 가치성을 얻게 되는 중요한 척도가 된다. 감각 작용으로 얻어진 내재적 상징이 미적 가치를 얻게 되고 이 미적 가치가 감동으로 연결되기 위해서는 진眞과 선善의 결합이 선행되어야 할 것이다. 즉 훌륭한 예술은

'진선미'의 일체화 속에서 이루어진다고 할 수 있을 것이다.

와타나베 마모루는 그의 저서 『예술학』에서 다음과 같은 내용으로 글을 마무리한다.

"예술의 감성적 형체는 항상 변해 가고 그 표현 방식은 항상 새로운 것을 구해 마지않지만 그 궁극에 상징되는 것 즉 진선미는 불변한다. 변화를 가지면서 불변을 견취見取하는 것이야말로 예술 본래의 임무인 것이다."[1]

여기서 불변하는 '진선미'의 정체는 무엇인가? 예술가들이 끝없이 변화하면서 얻고자 하는 그 '불변'은 무엇을 말하는 것일까? 원인과 결과 사이의 상관관계를 아직 명확하게 규명할 수는 없다 해도, 우리 눈앞의 현상계는 한 치의 착오도 없이 인과의 법칙으로 굴러간다는 사실은 누구든 인정할 수 있을 것이다.

우주에 펼쳐져 있는 모든 현상계가 한 치의 착오도 없이 굴러가고 있다는 것은 이미 상대성을 초월한 어떤 절대의 힘 즉 우주의 근원적 원리가 있다는 것을 인정한다는 것이 아닐까? 종교인들은 이를 신으로 말할 수 있을 것이며, 철학자들은 이를 근원적 원리라 말할 수 있을 것이다. 신이든 근원적 원리든 이는 인간의 사고로 규명할 수 없는 직관의 영역이며 영적 각성의 영역인 것이다.

---

1) 와타나베 마모루(이병용 옮김), 『예술학』, 현대미학사, 1994, 298쪽.

"생각할수록 감탄과 놀라움으로 나의 마음을 충만하게 하는 것이 두 가지가 있다. 하나는 나의 머리 위의 별이 반짝이는 '하늘'이며, 다른 하나는 내 마음속에 늘 살아 있는 '양심(도덕률)'이다." 칸트의 『실천이성비판』 핵심 내용이면서 그의 묘비명으로 새겨진 이 말은 모든 인간의 내부에 깃들어 있는 신성성神性性을 잘 담고 있는 표현이라 할 수 있을 것이다.

  그렇다. 필자가 칸트의 묘비명을 거론한 이유는 인간에게는 누구나 본래 신성성이 갖춰져 있다는 것을 말하고 싶은 것이다. 그런데 이 신성성은 누구나 자동적으로 발현할 수 있는 영역이 아니고 인간의 선택 의지에 의해 발현될 수 있다는 점에서 그 본래의 특성을 지닌다고 할 수 있을 것이다. 대자연의 만물은 자연을 운행하게 하는 근본 원리에 의해 운행되는 것으로 임무를 다하는 것이지만, 인간은 자연의 한 부분임에 틀림없으면서도 선택권을 부여받은 존재라는 점에서 차별성을 지닌다.

  생활고에 눌려 살면서 평상시 표출되지 못하는 감탄이 대자연의 풍경 앞에서 또는 뜻밖의 예술 작품 앞에서 자신도 모르게 감동이 터져 나오는 경우가 있다. 어느 한 부분의 어긋남이 없이 완벽하게 다가오는 아름다움은 단순한 욕망과 감정을 뛰어넘는 것이며, 인간 내부에 내재된 초월적 자아의 신성성이 자연의 신비한 풍경 또는 뛰어난 예술성과 공명 작용을 일으키면서 나오는 미감이라고 할 수 있을 것이다. 경제적 효용성과는 거리가 먼 작업이라는 것을 알면서도 예술가들이 작품 활동을 멈추지 않는 열망과 도전은 알게 모르게 자기의 내면에 자리하고 있는 초월적 자아 즉 '참나'를 찾아가는 긴 여정이라 할 것이다. 이는 연어가 사력을 다하여 모천으로 회귀하는 장면을 연상케 한다.

고향이란 단어만큼 우리의 내면을 울리는 감동적인 단어가 또 있을까. 자신이 태어나고 어린 시절의 추억을 담고 있는 그곳은 평생이 흘러도 잊을 수 없다. 내 육신과 정신이 눈을 뜬 곳이기 때문일 것이다. 그런데 좀 더 깊이 들여다보면 이보다 훨씬 더 근원적인 고향이 있다. 이 고향은 내 육신이 태어나고 성장한 물리적 장소성과는 비교할 수 없을 절대적 근원성을 지닌다. 이러한 절대적 근원성으로서의 '고향'을 만해의 오도시를 통해 만나 보는 것도 좋으리라. 만해 한용운 선사는 1917년 겨울 설악산 오세암에서 일제 치하라는 시대의 아픔과 개인적 고뇌를 끌어안고 참선수행을 하다가 오도시를 읊게 된다.

男兒到處是故鄕 사나이 가는 곳이 바로 고향인데
幾人長在客愁中 이 오랜 객수 속을 그 몇이 있었으랴
一聲喝破三千界 삼천계를 향하여 한 소리 지르니
雪裡桃花片片紅 눈 속에 복사꽃이 군데군데 붉었구나.

참으로 호탕한 기개를 느끼게 하는 오도시다. 길고 긴 객수客愁를 녹여 버리고 가는 곳이 모두 고향이라고 읊게 되는 체험은 어디서 비롯하는 것일까? 시간과 공간을 초월하고 인간 누구에게나 깃들어 있는 본래면목으로서의 '참나'를 만나면서 만해는 비로소 현상계를 굴리는 근원의 자리에 들어선 것이며, 영원히 불변하는 자신의 본래 성품을 확인하게 된 것이다. 위 만해의 오도시가 호방하게 느껴지나 사실 '참나'라는 것은 지극히 평범한 자리에 존재한다. '참나'는 언제 어디에 존재하지 않는 곳이 없으며, 인간의 안과 밖은 모두 이 작용에 의해 굴러간다. 이는 있음과 없음을 초월한 근원적인 것이며 언어를 초월한 직관의 영역이기에 인간의 사고를 뛰어넘는 자리에 놓여 있다. 머리로 헤아려서는 다가오지 않으며 모든 판단을 내려놓은 판단 중지의 상태 즉 텅 비어 적적성성한 상태에서 만나게 된다. 예술 작품을 창조하는 예술가들의 집중과 몰입의 순간은 알게 모르게 모두 '참나'의 우산 속에 들어가 창조력을 발휘하게 된다. 예술가들은 누구보다도 자신의 영성을 잘 활용하는 사람들이며 이에 익숙해져 있는 사람들이라 할 것이다.

　장충원 시인의 첫 시집 『수묵화』 원고를 받고 필자는 바로 감지할 수 있었다. 비록 장 시인이 늦게 등단을 하게 되었고 첫 시집도 이렇듯 팔순이 넘어 출간하게 되었지만, 그는 글 쓰는 일을 꾸준히 해왔고 내공도 깊은 분이라는 것이 짐작되었다. 아니나 다를까 시인께서는 이미 젊은 날부터 글 쓰는 일을 좋아하였고, 철학자로서의 꿈을 지니고 철학 공부를 하신 분이라는 것을 알게 되었다. 삶의 현장에서 최선을 다하면서도 젊었을 때의 짙은 향수는 쉽게 사라지지 않는다. 다행히 시인께선 젊은 시절의 꿈과 평생의 내공을 엮어서 자신의 새로운 예술세계를 펼쳐낸 것이다.

전남 구례 섬진강변에서 태어나고 자란 시인은 시의 많은 부분에서 고향에 대한 향수를 담아내고 있다. 서울이라는 대도시에서 살고 있지만 인간의 기본 정서는 자연에 뿌리를 두고 있지 않겠는가. 더욱이 섬진강의 평화로운 풍경이 지금도 눈에 선하고, 그때의 삶이 지금도 자신의 혈관 속에 녹아 있는데 이를 어찌 벗어날 수 있으랴. 어린 시절의 고향은 어머니의 품과 다르지 않을 것이다. 시인이 시를 쓰는 이유는 결국 자신의 영원한 고향을 찾아나서는 일이 아닐까.

고향 집 오랜 친구/ 노란 목걸이 늘어뜨리고/ 사라진 기억의 아름다운 뜰/ 꽃 지는 아픈 자리마다 뛰어다니던/ 기쁜 환성으로 찾아와/ 잎 지고 드러나는/ 부끄러움 배어드는 주황빛 볼/ 가슴 온통 설레이게/ 주렁주렁 널리는 고향길 한없이 달리며/ 모든 것 들려 떠나보내고/ 높은 가지 끝 빨간 까치밥 하나/ 기어이 멀리 보내며/ 옛집 안고 있던 모습/ 고운 잎 사

르던 그리운 향내로/ 자욱하게 피어오른다
                                    ―〈친구〉 전문

  이 시 〈친구〉를 들여다보면 시의 묘사 대상이 친구인지 감나무인지 그 구별이 모호하다. 아~ 그렇구나. 친구와 감나무가 하나로 보이기 시작한다. 감나무 아래서 놀던 친구는 이미 감나무와 하나가 되어 녹아 버렸다. 감나무가 곧 친구이며, 친구가 곧 감나무로 그려지고 있다. 노란 감꽃을 목걸이로 만들어 놀던 친구는 감나무를 닮아 버린 것이다. 아프게 꽃 진 자리에 기쁜 열매가 맺히고, 친구가 부끄러움 잃지 않은 볼로 그려지는 모습은 곧 한 인격이 성장하는 모습인 것이다. 가슴 온통 설레게 익어 간 붉은 감들이 주변인들에게 보내지는 장면은 자신을 내어 주는 순수한 사랑의 마음으로 다가온다.

  마지막 남은 까치밥마저 감나무는 기어이 멀리 보내고 만다. 모두 다 보내 놓고 혼자 살면서 시골집을 지키는 건 친구인가, 감나무인가. 그래도 텅 빈 마당은 결코 쓸쓸하지 않다. 마당 가득 수북이 떨어져 뒹구는 붉은 감나무 잎들. 이 붉은 잎들을 태우는 건 감나무 일 년의 마지막 거룩한 행사가 된다. 지나간 자취는 모두 그리운 것들로 변하고 감나무와 친구는 고요한 평화를 맞이하게 된다. 이렇게 감상하고 보면 결국 이 작품의 참주인공은 감나무도 아니고 친구도 아니고, 감나무와 친구를 그리워하며 안식과 평화의 시를 끌어내는 시인 자신이라고 해야 옳을 것이다.

이 시에서 독자가 느낄 수 있는 최종의 미감은 시인과 친구와 감나무가 삼위일체로 다가오는 데 있다고 할 것이다. '감나무'는 시골 고향의 터전을 상징하고, '친구'는 인간적 교감을 상징하며, 시적 화자인 시인은 이 시에서 여러 가지 시적 소재를 통해 자신의 현존 의식을 담아낸 주재자라 할 것이다.

시인은 시 〈친구〉를 통해 고향으로 다시 돌아오는 정서를 보인 것이라 할 수 있을 것이다. 여기서 '고향'에의 복귀란 물론 단순한 물리적 고향을 말하는 게 아니요, 자신의 정체성을 회복하고 있는 한 시인의 정신세계를 상징하는 것으로 보아야 할 것이다. 시인이 시를 쓰는 궁극의 이유도 바로 여기에 있으리라.

2. 세월 밖 영원한 정적

우리들 본연의 고향은 어디인가. 이 말은 아마 인간은 언제 진정한 행복감을 느낄 수 있을까라는 말과 크게 다르지 않으리라. 앞에서 말한 불변하는 진선미의 진정한 근원도 같은 범주에서 다루어질 내용이라 할 것이다. 인간에게 주어진 가장 탁월한 능력은 내 현존재의 근원을 찾아 거슬러 올라가 보려는 의지를 갖고 있다는 점이라 할 것이다. 우리 현존재의 가치가 진정 빛나는 것으로 다가오기 위해서는 현존재의 정체를 파악하지 못하고는 이루어질 수 없기 때문이다.

그래서 인간은 끝없이 사유한다. 나는 누구인가, 하면서. 이러한 끝없는 반문은 내 영혼을 고양시키며, 내 육신을 가볍게 만들어 가며, 어느 날부터 점점 자신의 진정한 고향이 어디인가를 알게 되는 것이다. 칸트가 말한 대로 밤하늘의 무수한 별들을 바라보며 우주의 질서를 알게 되고, 내 영혼에서도 그 질서를 발견하게 된다. 하늘의 그 질서가 내 가슴속에도 이미 들어와 있음을 알게 될 때 인간은 새로 태어나게 된다. 그래서 칸트는 그 가슴속의 양심(도덕률)을 감지하며 놀라워하지 않았던가.

우리 민족 고대 문화의 정수를 담고 있는 것이 요순堯舜시대의 사상인바 이를 계승하고자 한 공자는 '술이부작述而不作'이라고 하며 자신은 다만 전하기만 할 뿐 새로 짓지 아니한다고 하였다. 요임금이 순임금에게 전한 심법이 『논어』에 전하는바, "요임금이 이르셨다. 그대 순이여! 하늘의 운수[天命]가 그대의 몸에 있으니, 진실로 그 '중심'을 잡아야 한다.(堯曰 咨 爾舜 天之歷數在爾躬 允執其中)"라는 표현이 이에 해당하는 말이라 할 것이다. 여기서 '중심'을 잡는다는 것은 대체 어떤 의미일까? 바로 이 중심은 우리가 모든 잡다한 생각을 내려놓을 때 다가오는 자리라 할 것이다. 모두를 내려놓은 적적성성寂寂

惺惺의 바로 그 자리인 것이다.[2]

　인간도 소우주이기에 이 자그만 인간의 몸에도 당연히 우주의 질서가 내려와 있을 터이다. 모든 걸 내려놓고 이 적적성성의 텅 빈 자리에 들어가는 것은 곧 우주의 중심 자리에 들어가는 일과 조금도 다르지 않을 것인즉 '중심'을 잡는 일이라 함은 곧 적적성성의 상태를 유지하는 일이라 할 것이다. 바로 이 자리에 들어섰을 때 인간은 자신의 참존재를 회복하게 되고 자신을 증득하게 되는 것이다. 예술의 원천인 불변의 진선미도 여기서 나오고, 자신의 진정한 고향도 여기서 나온다 하겠다. 한 사람의 시인이요 예술가로서 장충원 시인이 평생 추구하고자 했던 세계가 그런 세계가 아니었을까 하는 짐작을 갖게 하는 것이 이번 시집 『수묵화』라 하겠다.

　　잎 지는/ 시절 따라/ 숨이 멎을 듯한 춤사위/ 하얀 흔적/ 시화/ 고운 선율/ 아리도록 시린 사연/ 세월 밖으로/ 내리는/ 영원한 정적

　　　　　　　　　　　　　　　　　　　—〈낙엽·1〉 전문

　짧은 내용의 이 시 〈낙엽·1〉에는 장 시인의 혼이 담겨

---

[2] 후설이 말한 '판단중지'와 보조국사 지눌이 말한 "단지불회但知不會 시즉견성是卽見性(다만 알지 못하는 줄만 알면 바로 견성이니라.)"라는 표현도 같은 이치를 담고 있는 내용이라 할 것임.

있음을 알게 된다.

"잎 지는/ 시절"의 '낙엽'은 현재 시인의 실존 상황을 그대로 잘 담고 있는 것으로 보인다. 낙엽을 통해 형상화하고 있는 한 행 한 행의 시구詩句에는 시인이 추구해 온 인생의 궤적이 보이고, 앞으로 남은 여정을 어떻게 다스리며 나아가야 할 것인가에 대한 해답을 제시하는 것으로 보인다.

"숨이 멎을 듯한 춤사위" 여기서 '숨이 멎을' 듯하다는 것은 중의적이다. 곧 삶의 종점에 도달할 처지이니 필연코 숨이 멎을 일이요, 또 종점에 거의 도달한 인생이니 그 춤사위의 경지 또한 농익어서 숨이 멎을 만큼의 춤사위 솜씨를 보인다는 것이다. 이 시에서는 이 두 가지를 모두 포괄하여 감상해야 할 것이다. '하얀 흔적'이 또한 시인의 꿈과 의지가 담겨 있는 표현이다. 낙엽이 허공 중에 잠깐 스치고 떨어지는 모습을 떠올리면 된다. 잠시 후면 아무것도 남지 않을 것이며, 또 남기지도 않을 것임을 시인은 알고 있다. '하얀 흔적'은 곧 텅 빈 흔적이 아니겠는가.

시인의 말하고 싶은 속뜻은 이 짧은 시구 속에 이미 다 표현되고 있다. 이보다 더 맑고 빛나는 순수의 시화가 어디 더 있을 것이며, 고운 선율이 있냐는 것이다. 떨어지는 삶이면서도 이렇듯 아름다울 수 있는 것은 "아리도록 시린 사연"이 있기 때문이다. '아리고 시린 사연' 없이는 "숨이 멎을 듯한 춤사위, 하얀 흔적, 시화, 고운 선율"이 나올 수 없을 것이다. 허나, 시인이 마지막으로 하고 싶은 말은 따로 있다. "세월 밖으로/ 내리는/ 영원한 정적"이 바로 그것이다. 낙엽이 떨어져 나간 그 자리에는 무엇이 남아 있을까? 단지 텅 빈 상태일까. 아니면 그 자리에 그 어떤 무엇이 남아 있는 것일까. 그 단서는 "세월 밖으로/ 내리는"에서 추측해 볼 수 있다. 세월을 떠난 자리니 이는 시간을 초월한 세계일 것이며, 시간을 초월한 곳이니 공간 개념도 넘어선 자리일 것이다.

그렇다면 이 시에서 말하는 "영원한 정적"은 앞에서 말한 '적적성성'의 세계 즉 "고요하면서 깨어 있는 초월적 세계"를 뜻하는 것으로 보아야 할 것이다. 결국 〈낙엽·1〉을 통해서 시인이 지향하고자 하는 바의 세계는 '진선미'의 근원 자리요, '영혼의 고향'으로서의 텅 빈 자리 즉 '무위'의 세계라 할 수 있을 것이다. 그런즉 이 시를 되돌려 감상하게 되면, 시인은 시공을 초월한 영원한 정적 속에서 숨이 멎을 듯한 춤사위도 나오고, 흔적 없는 흔적이 만들어지고, 시화와 고운 선율도 나온다는 것을 말한 것이 된다. 간명하고 평이한 작품인 듯하면서 비상한 시다.

깊은 침묵 속에 얻은/ 소리/ 여름 몇 날 그 한평생/ 숨 멈추고 늘어지는 가락을 토하듯/ 소리하는데 ∥ 모든/ 허물 벗어

던지고/ 그리 간절히 쏟으려는 것은/ 무엇인가 // 얻은 것/ 두고 가는 세상/ 잘 전하지 못하는 안타까운/ 마음/ 다시는 돌아올 수 없어/ 동네를 흔드는가

―〈매미〉 전문

  우리 인간이 지금 여기 존재하는 이유는 무엇인가? 이런 물음보다는, 내가 지금 여기 살고 있는 이유는 무엇인가라는 질문이 더 타당하게 여겨진다.
  위의 시 〈매미〉에서 말하고자 하는 핵심은 "깊은 침묵 속에 얻은/ 소리"라고 할 수 있을 것이다. 매미가 우는 이유를 콕 집어 말은 하지 않았어도 시인은 이 시에서 하고 싶은 말을 이미 다 하고 있다. 먼저 시인은 이 매미의 활동에 감탄과 찬사의 뜻을 지니고 있음을 알 수 있다. 그 감탄과 찬사는 매미의 순수성과 열정에서 나온다. 땅속 칠 년(대체로 칠 년 정도)의 고행과 수련 끝에 얻은 묘리를 온 누리에 전달하고자 목숨을 바치듯 외치는 모습이 어찌 단순하게 지나칠 일인가. 인간의 삶을 매미에 빗대어 담아내고 있으면서도 이 시가 절실하게 독자들 마음에 다가올 수 있는 것은 "잘 전하지 못하는 안타까운/ 마음"이라는 표현에서 온다.
  매미의 울음을 잘 전달하지도 못하는 외침으로 표현함으로써 "얻은 것/ 두고 가는 세상"이라는 이 시의 주제 의식과 그러함에도 전달하기 위하여 최선을 다하는 매미

의 열정적 의지를 오히려 선명하게 드러낸 셈이다. 시의 아이러니 요소를 한껏 활용한 것이다. 과연 매미가 땅속 칠 년 칩거 끝에 얻은 깨달음은 어떤 내용일까? 굳이 그 내용을 묻는 것은 우문이요, 답을 내놓는 것 역시 우답이라 할 것이다. 어쨌든 그 힌트는 짧은 외침에 비해 엄청나게 긴 구도의 기간에 있다 할 것이다. 즉 이 시에서 '매미'라는 상징성에 진실을 부여하는 건 이심전심 칠 년이라는 긴 세월이라 하겠다. 사족과 같은 진술이 전혀 들어 있지 않으면서 매미라는 시적 소재를 "천명天命을 다하고 있는 문학적 상징의 한 존재"로 그려낼 수 있는 힘이 바로 시인이 지닌 시적 상상력이라 할 수 있을 것이다.

꽃잎 지는/ 늦은 밤// 허밍 코러스/ 숨죽이는 밤비 소리//
잠들지 못하고/ 어느 곳에서 무얼 하는지// 빗소리 다독이
는/ 그— 머언 길

— 〈허밍 코러스〉 전문

장충원 시인이 보여 주는 시적 미감은 여백의 미에서 온다. 작품이 지니는 미적 요소와 그에서 발생하게 되는 문학적 감상을 설명적 진술을 생략한 채 독자 스스로에게 맡긴다. 이 시 〈허밍 코러스〉에서도 마찬가지이다. 이 시에서 '허밍 코러스'의 주체라 할 수 있는 것은 무엇인가? 늦은 밤 꽃잎은 지고 있고 숨죽이는 소리로 밤비가

내리고 있음이 제시되어 있다. 늦은 밤 꽃잎이 지는 소리와 가늘게 밤비 내리는 소리가 합해져 있다. 그야말로 허밍 코러스다. 귀를 기울여도 들리지 않을 그런 소리를 시인은 귀를 통해 듣고 있을까. 들릴락 말락 콧노래로 부르는 가느다란 합창이 크게 울려오는 건 마음으로 부르는 영혼의 속삭임이기 때문일 것이다.

 꽃잎 지는 소리와 밤비 소리가 영혼의 소리로 들려오는 건 3연 "잠들지 못하고/ 어느 곳에서 무얼 하는지"에서 비롯한다. 세상에 출현하여 한 생명으로서 꽃을 피운다는 건 얼마나 기쁨에 넘치는 일일까. 그런데 그 꽃잎이 지고 있으니 이는 또 얼마나 아프고 슬픈 일인가. 그 슬픔을 밤비가 달래고 있는 형국이다. 꽃잎 지는 아픔을 달래줄 수 있는 건 눈물로 내리는 밤비 외 어떤 짝이 더 어울릴 수 있겠는가. 그래서 '허밍 코러스'라는 제목이 이 시를 빛나게 한다.

 이 시 4연의 '머언 길'은 이 시의 화룡점정이라 할 것이다. "빗소리 다독이는/ 그 머언 길"이라는 표현은 이 시가 지니는 여백의 미를 확장하고 있으며, 섬세하고 따뜻한 인간적 사랑이라는 주제 의식을 은근하면서도 선명하게 부각시킨다. 그 섬세함과 은근히 울리는 내면의 합창은 인간 존재의 근원적 이유를 소리 없이 드러내는 힘을 느끼게 한다.

3. 더디 살아도 '사랑'

인간이 살아가는 현상계는 끝없는 고苦를 안고 살아간다. 때로 상상할 수 없는 고통 속에 놓이면서도 인간은 반면 초월적인 힘을 발휘하여 이를 극복하며 살아가기도 한다. 그 힘은 어디서 오는 것일까. 앞에서 요임금이 순임금에게 전한 말 "그대 순이여! 하늘의 운수[天命]가 그대의 몸에 있으니, 진실로 그 '중심'을 잡아야 한다."라는 말에서 우리는 우리를 지배하는 근원적 힘을 추측해 볼 수 있다. 인간에 깃든 그 근원적 힘은 시간과 공간의 지배를 받지 않는 초월적이고 절대적인 존재임을 알 수 있다. 동양에서는 이를 무극, 태극, 양심, 법신불, 무위의 도 등의 말로 표현해 왔다. 범위를 넓히면 결국 하느님, 하나님의 개념 등도 같은 범주에 들어간다 할 것이다.

인간의 내부에는 어느 무엇보다 강력한 초월적인 것이 존재함을 동서양을 막론하고 지속적으로 전해 왔다. 로마의 황제요 철인이었던 마르쿠스 아우렐리우스 역시 그 중의 한 사람이다. "똑바로 서 있으라. 그렇지 않으면 우주의 본성이 나서서 너를 강제로 똑바로 세우려고 할 것이다."[3]라는 표현과 "네 자신 속으로 물러나서 침잠하라. 너를 지배하는 이성은 바르게 행하고 거기에서 오는

---

3) 마르쿠스 아우렐리우스, 『명상록』, 현대지성, 2018년, 132쪽.

평안함으로 만족하는 것이 그 본성이다."[4]라는 표현은 인간 내부에는 인간을 지배하는 이성(양심)이 존재함을 강조하는 많은 말 중의 하나라 할 것이다. 그는 현상계의 어떤 고통도 우리 자신의 내부에 있는 이성을 해칠 수 없다고 하면서 우주 안에서 가장 강하고 탁월한 존재 즉 자신 내부의 이성을 존중하라고 강조한다.

장충원 시인의 시에서는 인간 내부에 존재하는 그 절대적인 힘을 긍정하면서 이를 시 창작의 근원적 에너지로 삼고 있다는 것을 알 수 있다.

> 허공에 피었다 지는 꽃씨/ 꽃샘추위 지나/ 환하게 피어 웃는다 // 흔들리는 찬바람 앞이나/ 비 내리는 들녘/ 햇볕 부시게 쏟아지거나/ 고운 얼굴 땅으로 툭 떨어지는 날/ 변함없이 웃으며 // 더 아름답고 더 향기로운 세상/ 그런 욕심 없이/ 속마음까지 웃고 웃으며/ 사랑을 전하고 // 계절이 바뀌면/ 시리도록 하얀 눈꽃이 되어/ 천지 가득/ 아련한 그리움으로 내리며/ 꽃씨로 날린다
>
> ─〈꽃씨〉전문

장충원 시인의 내부는 투명하고 평화롭다. 그는 독실한 기독교 신자이며, 그의 시에는 미소와 사랑이 가득하다.

---

4) 위의 책, 137쪽.

그의 시가 신뢰를 주는 이유는 그의 사랑이 편벽하거나 왜곡되어 있지 아니하고, 텅 비어 있는 그곳에서 미소와 사랑이 나오고 있기 때문이다. 다시 말해 장 시인은 텅 비어 있는 것 같지만 그 텅 빈 내부에는 신성이 본래 가득하다는 사실을 알고 있기 때문이다. 우리 내부가 무엇인가에 꽉 들어차 있다면 그곳에서는 하나님의 사랑이 들어설 곳이 없다는 사실을 익히 알고 있다는 것이다. 이 시 〈꽃씨〉의 1연에서는 그런 암시가 내재되어 있다. 먼저 '꽃씨'가 형성되는 곳은 '허공'이라는 사실을 보여 준다.

'허공'은 아무것도 없어 '허공'이라 하지만 사실 우주의 순수한 진리만으로 가득 차 있는 곳이 '허공'이다. 우주가 운행되는 근원적인 힘이 '허공' 즉 '텅 빈 공의 초월적 세계'에서 비롯한다고 할 것이다. '꽃씨'가 꽃샘추위도 견디고 환하게 웃을 수 있는 힘과 여유도 꽃씨가 허공 속에서 꽃을 피우고 씨앗을 맺는 데서 비롯한다는 것을 가장 앞서서 전달하고 있다. 그 허공은 자유로운 해탈의 공간이다. 찬바람 앞이거나 비 내리는 들녘이거나 심지어 고운 얼굴 땅으로 떨어진다 해도 웃음을 잃지 않는다고 시인은 말하고 있다.

3연에서는 '꽃씨'의 속성을 더욱 분명하게 밝히고 있다. '꽃씨'는 "더 아름답고 더 향기로운 세상"이라는 말도 욕심이라고 하면서 경계한다. 시인은 '꽃씨'를 통해 '무위無爲'의 세계를 지향한다. 그는 있는 그대로 꾸미지 않고 "속마음까지 웃고 웃으며/ 사랑을 전하"는 도리가 '하나님의 사랑'을 온전하게 전하는 일임을 알고 또 그렇게 실천하며 살아가고 싶은 것이다. '꽃씨'는 그런 무위의 사랑이기에 그 사랑은 춘하추동 구별이 없고, 오히려 그 사랑은 추울 때 빛을 발한다. 비록 겨울이 온다고 해도 아프고 시린 세상에 천지 가득 하얀 눈꽃을 보내오고 위로를 보내 준다. 결국 〈꽃씨〉는 다른 어떤 곳에서 피어나는 것이 아니라 하나님의 사랑이 깃든 텅 빈 인간의 내면에서 피어나는 것임을 보여 주는 시라 할 것이다.

> 미워하는 것 죄라는 말/ 뜬금없이 생각나는 것은/ 사랑할 수 없으면 미워하지 않기를/ 또 얼마나/ 헛걸음하게 하려는 것일까// 감싸지 못한 세월로/ 높은 하늘 외진 가지에 매달린/ 까치밥같이/ 더디 살아도/ 길 나서는 일 남아// 단풍나무 날개 달린 꽃씨/ 날아가듯/ 가볍게 털고 일어서는 욕심을/ 다시 부려야 하는가
>
> ―〈더디 살아도〉 전문

위의 시 〈더디 살아도〉는 미워하지 않고 사랑하며 살아야겠다는 반성의 시요, 자기 다짐의 시다. 지난 세월 남을 품어 주지 못하고 살아와 외진 나무의 까치밥같이 더디게 살아왔어도 계속 사랑하며 살아가겠다는 다짐을 보여 준다. 자기 자신의 외진 삶을 까치밥에 비유하고 살

면서 일어나는 자잘한 욕심들을 단풍나무 씨나 꽃씨에 비유하고 있는데, 그런 비유의 적절성과 섬세함 그리고 생략과 함축을 통한 상상력의 유발은 장 시인의 시를 문학적으로 고양시키는 장점이 된다. 특히 비록 "더디 살아도" 앞으로 내가 해야 할 일은 오직 '사랑' 뿐이라는 사실을 미완성의 압축적 문장 "길 나서는 일 남아"로 담아내고 있는데, 이러한 미완성의 압축적 문장은 독자의 상상력을 유발하고 시에 암시적 기능을 부여하는 정밀한 기법이라 할 것이다.

위의 시 1연을 보면 세 부분의 내용으로 구성되어 있다. ① "미워하는 것 죄라는 말/ 뜬금없이 생각나는 것은", ② "사랑할 수 없으면 미워하지 않기를", ③ "또 얼마나/ 헛걸음하게 하려는 것일까" ①과 ②가 결합되어 하나의 문장이 이루어지는 구조를 보이고 있는데, "사랑할 수 없으면 미워하지 않기를" 이후의 말은 생략함으로써 압축미를 보여 준다. 또 ①과 ②의 결합 내용에 이어지는 ③의 내용은 독자로 하여금 그 의미를 상상하게 만들면서 시적 화자의 겸손성을 보여 준다. 장 시인의 시들에서 문장의 이러한 조합과 교차적 결합은 시적 형상성을 고도화하고 복합적 이미지를 형성하는 중요한 장치가 되고 있다. 3연의 비교적 짧은 시이면서도 정교하고 중층적인 구조미를 주는 것은 그러한 이유들에서 오는 것이라 할 수 있을 것이다.

눈이 많은 서해안 내포/ 삼족오 전설이 깃든 신령한 오서산/ 안개 속에 서 있는 길을/ 아내와 쉬엄쉬엄 가파르게 올라 돌아보니/ 중턱에 걸린 낮은 구름 밀려가는/ 반은 텅 빈 아래 두고 온 날들/ 아름다운 풍광 언뜻 지나간다// 새벽달 뜨는 형상/ 누에 머리 드는 모양의 능선/ 해풍에 밀려 오른 갈대밭/ 춤추듯 걷는다/사랑하는 사람아/ 함께 지나가자/밝은 세상을 향하는 태양의 새/ 봉황으로/ 섬같이 떠 있는 오서산/ 그 고운 안갯길

— 〈오서산〉[5] 전문

시인은 "삼족오 전설이 깃든 신령한 오서산" 가파른 길을 아내와 함께 쉬엄쉬엄 올라왔다. 중턱에 구름이 걸려 있고, 안개 낀 신령한 산속에서 시인의 마음은 이미 속세를 벗어나 있다. 그 의식은 "반은 텅 빈 아래/ 두고 온 날들/ 아름다운 풍광 언뜻 지나간다"라는 말에서 찾아진다. 그의 이제까지의 삶은 현재의 내 삶에서 구별되는 모습이다. 그 과거의 삶은 텅 빈 그 세계 속에 녹아 버렸다. "두고 온 날들"이라는 시어가 가져오는 미묘한 효과라 할 수 있을 것이다. 그리고 또 그 과거의 삶은 아름다운 풍경으로 추억된다. 1연에 담고 있는 이러한 의식

---

5) 이 시 〈오서산〉에는 '오남팔경烏南八景의 잠수효월蠶首曉月'이라는 설명이 붙어 있음.

의 전개는 2연을 위한 전제라 할 것이다.

시인은 "오남팔경烏南八景의 잠수효월蠶首曉月" 그 현장의 주인공이 되어 해풍에 너울거리는 갈대밭을 춤을 추듯 아내와 함께 걸으며 마음을 새롭게 다진다. "사랑하는 사람아/ 함께 지나가자" 여기서 '사랑하는 사람'을 현재 함께 걷고 있는 '아내'에 한정하는 것은 이 시의 진정한 감상과는 거리가 멀다. "사랑하는 사람아/ 함께 지나가자"라는 표현은 온 세상 사람들을 향하여 전하고자 하는 시인의 간절한 바람을 담은 표현인 것이다. 그리하여 그가 원하는 세계를 지금 걷고 있는 '오서산'으로 그려 낸다. "밝은 세상을 향하는 태양의 새/ 봉황으로/ 섬같이 떠 있는 오서산/ 그 고운 안갯길" 시인은 자신이 염원하는 바의 추상적인 세계를 말하지 않고 신령한 오서산의 이미지를 통해 자신이 바라는 바 평화로운 세계를 환치한 것이다. 장 시인의 시적 표현이 수승하게 여겨지는 또 하나의 이유라 할 것이다.

덧없고 헛된 일로/ 허둥지둥 살다가 우연히/ 심심한 날/ 스멀거리며/ 달뜨게 하던 장날의 풍경 손 내밀어/ 노변 장터로 나선다∥ 새 옷차림으로 산길 십여 리/ 나룻배로 강물도 건너/ 축제로 모이는 장날/ 북새통에서 반가운 사람들과 웃고 떠들고/ 손 놀릴 수 없는 농사로 힘겨운 날 하루/ 나들이하듯 쉬는 장터/ 지친 마음을 일으켜 세우는/ 반가움과 즐거움이 뒤섞인/ 소란한 환성이 살아 움직이는/ 흥겨운 날 // 노을 설핏 내리면/ 강아지라도 팔고 돌아가는 서운한 밤길/ 머리 위로 쏟아지던/ 하얀 별빛/ 얼마나 먼 그 길 달려왔을까

—〈장날〉 전문

이 시 〈장날〉은 평화로운 세상을 지향해 왔고, 앞으로도 계속 그렇게 살아가게 될 장 시인의 면모를 잘 보여 주는 작품이다.

1연에서는 북새통 같은 '장터'를 나서게 된 심리적 배경을 담고 있다. "덧없고 헛된 일로/ 허둥지둥 살다가 우연히/ 심심한 날" 달뜨게 하던 장날의 풍경이 손을 내밀어 노변 장터를 찾게 되었다는 것이니, 장날의 장터는 덧없고 헛된 일로 살아가는 시적 화자를 구원해 준 셈이다. 여기서 시인은 인간의 삶이란 타자와 어울려 살아갈 때 인간에게 주어진 천명을 제대로 발휘하게 된다는 것을 암시한 것이 된다.

2연에서는 장날의 떠들썩하고 흥성거리는 풍경을 보여 주면서 장날이 농사일로 지친 사람들에게 위로와 격려를 주는 장소라는 점을 부각한다. 특히 산길 십여 리에다 나룻배로 강물을 건너는 일에 앞서 '새 옷차림'으로 나서는 모습은 사람을 만나는 장터의 기능이 그저 물건만을 구하기 위한 장소가 아니라는 것을 암시한다. 장터는 사람과 사람 사이의 귀중한 만남의 실천 장소라는 사

실을 아울러 밝힌 것이라 하겠고, 사람과 사람 사이의 평화로운 만남이 우리의 삶에서 무엇보다 소중하다는 것을 밝힌 것이라 하겠다.

"축제로 모이는 장날"의 2연 풍경이 평화의 한 상징으로 그려질 수 있는 것은 집으로 돌아오는 밤길에 느끼게 되는 시적 화자의 내면 풍경이 3연에 그려져 있기 때문이다. 모처럼 지인들과 만나 인간적 정을 나누고 돌아오는 심정을 "강아지라도 팔고 돌아가는" 서운함이라고 말하고 있으니, 그 적절한 비유는 이 시 감상의 백미라 할 수 있으리라. 그런 비유에 이어지는 "머리 위로 쏟아지던/ 하얀 별빛"은 이 시를 절정으로 끌어올리는 한 상징으로 발휘된다. 이제 쉽게 만날 수 없는 현실이 되었지만, 머리 위로 끝없이 쏟아지는 별빛은 삶의 경이감을 느끼게 하는 최고의 장면이 아니겠는가. 이는 곧 많은 사람들이 모이는 장날의 흥겹고 인간적인 풍경이 삶의 가장 아름다운 장면이라는 사실을 자연스럽게 환기시키는 시적 장치가 된다. "얼마나 먼 그 길 달려왔을까" 바로 이 마무리 표현에서 우리는 시인이 정말 바라는 세계가 어떤 세계인가를 알 수 있게 된다.

특히 이 시의 구조는 세 가지 장면으로 구성되고 있음을 알 수 있다. 첫째 새 옷으로 갈아입고 "덧없고 헛된 일로/ 허둥지둥 살"던 삶의 장소에서 출발하는 장면, 둘째 흥겨운 장터에서 사람들과 함께 '소란한 환성'을 누리는 장면, 셋째 장터 일을 마치고 집으로 돌아오는 밤길의 장면이 그것이다. 귀로의 구조를 보여 주고 있으며, 돌아갈 때는 이미 지난날의 "덧없고 헛된 일로/ 허둥지둥 살"던 것과는 달리 "얼마나 먼 그 길 달려왔을까"라는 독백조의 말을 남기며 시적 화자는 "머리 위로 쏟아지던/ 하얀 별빛"의 환희에 젖어 있음을 보여 준다. 그런 점을 고려할 때 〈장날〉이라는 이 한 편의 시는 긴 세월 천명을 만나지 못하고 허둥지둥 살다가, 이제 깨달음을 얻어 천명을 얻고 살아가는 한 인물의 장엄한 일생을 상징하는 구조로 이루어져 있음을 알게 된다. 천명, 바로 그 새김은 "네 이웃을 사랑하라"라는 말로 정리할 수 있지 않겠는가?

4. 건너오는 봄, 무위의 향기

다음 시 두 편 〈세월〉과 〈저녁 하늘〉은 무위無爲의 미학을 보여 주는 작품들이다. 시인은 있는 그대로의 자연 세계가 절대적 진리를 품고 있는 하나님의 형상을 가장 잘 담고 있는 모습이라는 것을 위 두 작품에서 보여 주는 듯하다.

길 나서는 섬진강/ 지리산 발치 휘돌아 펼치는/ 더할 수 없이 아름다운/ 오래된 산수화 // 계절은/ 철따라 정성껏 곱게 차려입고/ 여백으로 남은 정결하고 신비로운 허공에/ 무엇을 더하고 더하려고/ 마음 설레이며 마중을 나서는가 // 여전히/ 화폭에 담지 못하는 바람결/ 더디 가거나/ 기뻐 달려도/ 아랑곳없이 제 길 가는 세월/ 환하게 꽃을 피우고/ 길 가득 향기를 더하는가

—〈세월〉 전문

서두르거나/ 머뭇거리지 않는/ 하룻길 // 화사한 옷자락 펼치며/ 정결한/ 황금 모래 언덕 지나는 저녁/ 잠시/ 온 하늘 가득 머무는/ 신비롭고/ 눈 시리도록 황홀한 광채 // 아름답게/ 춤추는 환희의 모든 불꽃/ 가득 담은/ 수많은 향연 드높이 올리는가

—〈저녁 하늘〉 전문

장 시인은 이 시 〈세월〉에서 서예도 하고 산수화도 그려 내는 화가 시인다운 면모를 보인다. "지리산 발치 휘돌아 펼치는" 섬진강의 풍경을 "오래된 산수화"로 비유하고, 3연의 "여전히/ 화폭에 담지 못하는 바람결"이라고 말하는 시적 표현에서 그 면모가 드러난다. 이 시에서도 장 시인의 신성의 미학이 펼쳐지는 근원은 '허공'에서 비롯하고 있음을 암시하고 있는 바, 이는 "여백으로 남은 정결하고 신비로운 허공에/ 무엇을 더하고 더하려고/ 마음 설레이며 마중을 나서는가"라는 표현에서 찾아

진다. 또한 시인은 '허공'을 "여백으로 남은 정결하고 신비로운 허공"이라고 말하고 있으나, 이렇게 표현하는 시인의 내면의식을 고려할 때 이 '허공'은 "철따라 정성껏 곱게 차려입"는 현상계의 근원이라는 사실을 시인은 익히 알고 있다는 것을 짐작하게 한다.

　진리를 품고 있는 텅 빈 공의 세계에서 현상계가 출발하고, 끝없이 변화하는 현상계는 뿌리인 공의 자리로 돌아가는 것임을 시인은 익히 내면화하고 있음을 알게 한다. 시집에서 보여 주는 시인의 정신적 여유는 바로 그런 데서 나오는 것이리라. 그런 여유는 "길 나서는 섬진강"을 향하여 보이는 이대로가 아름답거늘 "무엇을 더하고 더하려고/ 마음 설레이며 마중을 나서는가"라고 말하는 데서 느껴진다. 또한 여전히 바람결을 화폭에 담지 못하는 자신의 더딘 솜씨만으로도 만족하거늘 굳이 흘러가면서 환하게 꽃을 피우고 향기를 더하는가라는 표현에서 세월을 이미 뛰어넘는 초월적 의식과 미적 태도를 보인다. 시인이 살아온 '세월'을 '섬진강'의 흐름으로 표시나지 않게 은유화함으로써 무위적 삶이 어떠한 세계인가를 자연스럽게 드러냈다는 점이 이 시의 큰 장점이 아닌가 여긴다.

　시〈세월〉에서 보여 준 시인의 시적 성향을〈저녁 하늘〉에서도 그대로 보여 준다. 특히 "더디 가거나/ 기뻐 달려도"라는 표현이 가지고 있는 시인의 무위지향無爲志

向의 태도는 "서두르거나/ 머뭇거리지 않는/ 하룻길"에 서 잘 드러난다. "더디 가거나 기뻐 달려도" 좋다고 말하고, 때로는 "서두르거나/ 머뭇거리지 않는"다고 말하는 여유는 어찌하든지 '중심'만 잡고 있으면 된다고 하는 정신적 여유에서 온다 할 것이다. 전혀 손끝 하나 건드리지 않으면서 "서두르거나/ 머뭇거리지 않는/ 하룻길" 속에서 "신비롭고/ 눈 시리도록 황홀한 광채"가 절로 나오고, "환희의 모든 불꽃/ 가득 담은/ 수많은 향연"이 펼쳐지는 '저녁 하늘'의 신비한 장면은 바로 우주가 '중심'을 잡으면서 대자연에 내재한 근원적 원리가 현상계로 표출될 때 나타나는 결과물이라 할 것이다.

　수묵화 같은 겨울날/ 눈이 내린다// 아기들의 환한 웃음소리/ 들리고/ 요란할수록/ 눈은 더 많이 내린다// 눈이 오는 날/ 외진 곳에 서 있는/ 구부정한 소나무처럼/ 아내 머리/ 하얀 꽃송이 가득하다// 흩날리는 눈 속/ 봄 향기 언뜻/ 징검다리 더불어 건너오고 있다

―〈수묵화〉 전문

　시집의 표제시인 〈수묵화〉는 실제 수묵화를 그리고 있는 화가 시인의 작품으로서 여느 시와 다른 감회를 지니고 있을 것으로 짐작된다. 아마 이 시는 평소 수묵화를 그리며 살아가는 시인 자신의 내면세계를 잘 담고 있을

것이다. 첫째, 수묵화는 대체로 현란하지 않으며 한지와 먹물 사이의 번짐 작용을 통해 은근하면서 평화로운 자연 풍경을 그려 내는 데 익숙하다. 이 시의 중심 소재인 '눈'이 가져오는 뿌연 안개 같은 서정적 풍경은 한지의 번짐 현상과 일치한다 하겠다.

둘째, 수묵화가 보여 주는 풍경은 자연의 외적 현상이지만 결국 화가가 그려 내고자 하는 세계는 화가의 평화로운 내면세계를 담는다고 할 것이다. 눈이 내리는 풍경 속에 "아기들의 환한 웃음소리"를 요란하게 불어넣고는 눈이 더욱 쏟아지게 연출하는 솜씨는 시인의 순수함과 평화를 염원하는 마음에서 비롯되는 것이리라.

셋째, 전통적인 면에서 보면, 한 작품의 수묵화가 보여 주는 풍경에는 전체적인 균형과 조화 속에서 그 중심적 소재가 있기 마련이다. 이 시는 기승전결의 균형감 속에서 3연의 '아내'가 중심 소재로 등장한다. 늙어 가면서 순리자연 변하게 되는 아내 머리의 백발을 하얀 눈꽃을 덮어쓰고 있는 모습으로 그려 내는 시적 기교는 시적 공감을 한층 끌어올린다. 아내를 "외진 곳에 서 있는/ 구부정한 소나무"에 빗대어 표현했으되, 시인의 아내는 하늘에서 내리는 축복의 눈을 맞이하는 고결한 존재가 된다. 평생 동고동락하며 살아온 아내에게 바치는 최고의 찬사가 아닐 수 없다.

넷째, 수묵화에는 화가의 사랑과 희망의 메시지가 없

을 수 없다. "흩날리는 눈 속/ 봄 향기 언뜻/ 징검다리 더불어 건너오고 있다" 외진 곳에서 버티며 살아가는 겸허한 인간들에게 사랑과 희망의 메시지가 "징검다리 더불어 건너오고" 있는 것은, 이 세계는 텅 빈 것 같지만 사랑을 품고 있는 근원적 진리가 무소부재 갖추어져 있다는 것을 믿고 있기 때문일 것이다. 그런 의미에서 이 시의 '아내'는 암시적이면서 상징적인 인물이 된다.

5. 살아 있어 고마운 남은 날

인간의 내부에는 상대성을 초월한 초월적인 자리가 있으니, 이 자리를 인지하는 것은 인간의 의도적 의식으로 얻어지는 게 아니며, 오히려 그 의식을 버릴 때 자신도 모르게 찾아오는 자리라는 것을 과거의 철인과 현자들은 말해 왔다. 앞서 만해 한용운 시인이 한겨울 치열한 수행 끝에 도달하게 되는 고향의 세계와 마르쿠스 아우렐리우스가 주장하는 '지배하는 이성(양심)'의 세계가 결국 같은 자리임을 어렵지 않게 알 수 있게 된다. 아우렐리우스의 "똑바로 서 있으라. 그렇지 않으면 우주의 본성이 나서서 너를 강제로 똑바로 세우려고 할 것이다."라는 말은 인간의 내면을 꿰뚫고 있는 철인의 금과옥조라 할 것이다. 많은 시행착오 속에 '인간의 삶'이라는 제법 긴 세월의 수행길을 지나다 보면, '똑바로 서 있는' 일이란 나에게 주어진 '천명'을 알아 '중심'을 잡고 공동체의식으로 살아가는 일이라는 것을 알게 될 뿐이다. 그 '중심'은 알고 보면 불이不二의 세계이기 때문이다. 유교적으로 말하면 인의예지신仁義禮智信의 실천이라 말할 수 있을 것이다.

　사는 날/ 떠나는 연습인지/ 몰라 // 아름다운 동백/ 툭— 떨어지듯 먼저 떠나/ 그리운 사람으로 머무는/ 세상 // 잠시/ 산국山菊/ 스산하게 남아 // 곱게 지는/ 오랜/ 이별 연습을 하고 있다
　　　　　　　　　　　　　　—〈연습〉 전문

　아주 잠시 꽃 피는/ 기쁨보다/ 돌아서는 모습이 아쉬운 잎들/ 펄럭이며/ 머리 숙이고/ 고운 물들이는/ 화사하고 아름다운 날/ 흐리지 않는 몸/ 가누고/ 그리 떠날 수는 없는가/ 마음 가벼우면/ 조용히 내려설 수 있는가/ 비는 내리고/ 떨어지는 잎/ 꽃보다 많은 빛 적시고 있다
　　　　　　　　　　　　　　—〈낙엽·2〉 전문

불이不二의 세계에서는 머무는 바가 없다. 끝없이 움직여 정성을 다하지 않으면 금세 위태로움에 처하게 된다. 그런 이치를 잘 보여 주는 시가 위 두 편의 시라 할 것이다.
　시는 비유와 은유와 상상으로 빚어내는 상징물인데 이

렇듯 구체적이고 현실적인 문장보다 진실성으로 다가오는 이유는 예술 작품에는 사실 이상의 상상적 감동이 있기 때문일 것이다. 1연에서 화두를 제시해 주고는 2연에서는 동백꽃을 통해 먼저 떠나는 자의 모습을, 3연과 4연에서는 산국을 통해 남은 자의 모습을 형상화하고 있다. '이별 연습'이라는 이 짧은 시 한 편에는 현상계의 변화 이치가 담겨 있지만, 이 시에서 더욱 느껴야 할 것은 시인의 의식에는 이러한 총체적 변화를 순리 자연으로 수용하는 공의 세계가 들어 있다. 시인이 말하는 '이별 연습'이란 곧 텅 빈 자리로 들어가는 연습을 말하는 것이리라. 생생한 꽃잎 그대로 툭 떨어지는 동백꽃의 속성과 고요한 들녘 은은한 향기를 뿜어내는 산국의 풍경이 대비를 이루면서 이 시 〈연습〉은 한 개인의 단순한 연습을 넘어 인간 존재의 이유를 시적 감동과 함께 떠올리게 하는 상징으로 다가온다.

〈연습〉에서 느껴지는 감동은 〈낙엽·2〉에서도 느껴진다. 사물을 대하는 시인의 내면이 동일하게 작용하기 때문이리라. 이 시는 형식상으로는 두 개의 질문과 한 개의 답문으로 구성되어 있다. "고운 물 들이는/ 화사하고 아름다운 날/ 흐리지 않는 몸/ 가누고/ 그리 떠날 수는 없는가" 시적 화자가 내놓은 첫 질문이다. 긴 세월 수행길에서 고운 단풍을 이루었는데 이제 한몸 흐리지 않고 떠나고 싶다는 자문이다. "마음 가벼우면/ 조용히 내려설 수 있는가" 이 또한 질문 형식이지만 이는 앞 물음에 대한 자답이다. "마음 가벼우면"은 공을 지향하는 화자의 은유적 표현이라 할 것이다. 난이도가 높은 세계를 담고 있으면서 독자들로 하여금 쉽게 공감을 얻도록 하는 것은 적절한 비유와 간결하고 섬세한 시적 형상화 및 전체적 구조의 균형감에서 오는 것이리라. "비는 내리고/ 떨어지는 잎/ 꽃보다 많은 빛 적시고 있다" 이 마지막 문장은 앞의 두 개의 질문에 대한 답문이면서 자신의 질문에 대한 확신을 담고 있다. 떨어지는 잎이 꽃보다 많은 '빛'을 적신다는 것은 비록 인생의 종점에 거의 도달해 있다 해도 결국 천명을 알고 이를 실천하며 살아가는 모습이 젊은 날의 아름다움보다 더욱 빛나는 순간임을 말한 것이라 하겠다.

지키거나/ 더러는 이기고 지는/ 돌이 죽고 사는 모임 기웃거리며/ 버리는 용기 없는/ 욕심/ 줄이고 또 줄고/ 이제/ 더 디 두거나/ 날마다 스스로 내려놓으며/ 말없이/ 따뜻한 말 나누고 싶은/ 더는/ 험한 걸음 할 수도 없는,/ 살아 있어/ 고마운 남은 날들

―〈수담〉 전문

평상시의 일상을 삶의 수행으로 알고 살아가는 장 시인의 내면의식은 시 〈수담〉을 통해서도 충분히 확인된다.

바둑 두는 것을 중심 소재로 하면서 이를 앞의 〈연습〉, 〈낙엽·2〉에서처럼 시인 자신의 삶을 정화해 나가는 수행자 같은 시적 태도를 보인다. 시의 내용 구조를 보면 그 정신적 역량이 점점 커지고 심화하는 모습을 보인다. "돌이 죽고 사는 모임 기웃거리며"에서 보이는 바와 같이 화자는 바둑 두기를 즐겨 온 듯하다. 허나 바둑 두기는 끝없이 이기려는 욕심을 부추기는 일이기에 화자는 바둑을 더디 두거나 아예 그만두기를 다짐한 듯하다. "더는/ 험한 걸음 할 수도 없는"이라는 표현을 보면, 더 이상 하려고 해도 도무지 할 수 없는 단계에 도달해 있음을 암시한다. 이 시의 백미는 마지막 표현에 있다. "살아 있어/ 고마운 남은 날" 인생의 마지막 부분에 이르고 보니 이제 이기고 지는 것은 전혀 관심사가 아니며, 살아 있음 자체만으로도 오로지 감사할 뿐이라는 삶의 경지를 보인다. 삶 자체가 고맙고 거기에 인간의 천명인 '사랑'을 실천할 수 있다면, 이것이 바로 신이 인간에게 바라는 최고의 사명이라 할 것이다. 이를 잘 보여 주는 작품이 〈위로·1〉과 〈위로·2〉라 할 것이다. 그중 〈위로·2〉를 통해 시인이 지니고 있는 사랑의 한 모습을 살펴본다.

아프지 않은 마음 있겠는가/ 부끄럽지 않은 날 있는가//
흐르는 강물 따라 일렁이는/ 크고 작은 물결/ 더러는 소낙비
더러는 가랑비로 쏟아지고 내리는/ 애틋한 눈길/ 큰사랑 받

은 이만 자기를 사랑하고/ 누군가를 편하게 안아 주며 기다릴 수 있는데// 환하게 꽃피어도 좋을 웃음/ 인색하였나// 크게 가리워진/ 그래도 변명하려는 마음이 남고/ 숨어들고 싶은 자리/ 도리어 드러나 일어서게 하는가/ 소중한 그릇 어느 한 모퉁이라도 흘리게 하여/ 더 담을 수 있게 하는가 모를 일인 것을// 말보다는/ 더 따뜻하고 든든한 버팀목이 된 손길/ 맑은 향기를 품고 있네

―〈위로·2〉 전문

위의 〈위로·2〉는 삶의 깨달음이 어떻게 얻어지고 어떻게 실천에 이르게 되는 것인가를 기승전결의 구조로 밝히고 있다.

1연 "아프지 않은 마음 있겠는가/ 부끄럽지 않은 날 있는가"라는 표현을 통해 시인은 인생은 끝없는 수행길임을 인정하고 있음을 알 수 있다. 이 세상 변화하지 않는 게 어디 있을까? 마르쿠스 아우렐리우스는 "네가 살아가는 데 필요한 모든 것들 중에서 변화 없이 얻어질 수 있는 것이 단 하나라도 있는가."[6]라고 말하며 어떤 변화도 두려워하지 말라고 말한 바 있다. 그리하여 2~3연에서는 시인의 지향점이 어디에 있는가를 알게 한다. "큰사랑 받은 이만 자기를 사랑하고/ 누군가를 편하게 안아 주며

---
6) 앞의 책, 134쪽.

기다릴 수 있는데"라는 표현이 그것이다. 자기뿐 아니라 타인까지 품을 수 있기 위해서는 바다와 같이 큰 사랑을 얻은 자라야 가능하다고 하면서, 시인은 늘 "흐르는 강물 따라 일렁이"며 "환하게 꽃피어도 좋을 웃음/ 인색하였나." 하고 반성하는 자신을 드러낸다.

 4연에서는 반전이 일어난다. 그의 사랑에는 반성과 참회라는 뜨거운 아픔의 과정이 녹아 있음을 알게 한다. 자신의 삶 속에서도 "변명하려는 마음이 남고/ 숨어들고 싶은 자리"가 있었음을 고백한다. 그리하여 그는 "어느 한 모퉁이라도 흘리게 하여/ 더 담을 수 있게 하는가"라고 하는 인생의 체험적 깨달음을 드러낸다. 신(진리)은 부족한 자신을 알아채게 함으로써 인간을 더욱 큰 그릇으로 성숙시켜 간다는 것이다. 그리하여 시인의 결론은 5연에서 꽃을 피운다. "말보다는/ 더 따뜻하고 든든한 버팀목이 된 손길/ 맑은 향기를 품고 있네" 인생의 진정한 '위로'는 말에서가 아니라 이심전심 서로 통하는 '따뜻한 손길'과 '맑은 향기' 속에서 이루어지는 것임을 말한다. "인생은 짧다. 우리가 이 땅에서 한평생 살아가고 난 후에 수확할 수 있는 것은 거룩하고 정의로운 성품과 공동체를 위한 행위들뿐이다." 전쟁터에서 내면세계를 정리한 황제 아우렐리우스의 이 말은 시대의 귀감으로 다가온다. 그런 점에서 〈위로·2〉는 시인 자신의 고백이면서 동시에 '사랑'은 어떻게 이루어지고 실천되어야 하는가를 은유적으로 밝힌 결정체라 할 것이다.

　서두에서 필자는 "훌륭한 예술은 진선미의 일체화 속에서 이루어진다."라고 밝힌 바 있다. '진선미'의 뿌리는 시간과 공간을 초월한 절대의 자리이기에 예술 활동을 통해 이루어지는 미의 세계는 그 끝이 있을 수가 없으며, 무한한 변수의 선택적 조합을 통해 예술 작품은 생산되는 것이라고 말할 수 있을 것이다. 반면, 아무리 시대적 사조에 따라 다양한 모습으로 예술이 만들어진다 해도 모든 예술가가 나름대로 추구해 들어가는 그 공통의 지향은 우주의 본성을 탐구하면서 얻어낸 각자의 신념을 미학적으로 승화시키려는 노력의 결과물로 나타난다는 것이다. 이런 점에서 "변화를 가지면서 불변을 견취見取하는 것이야말로 예술 본래의 임무인 것이다."라고 말한 와타나베 마모루의 말은 예술의 개념을 명쾌하게 정리한 것이라 할 수 있다. 장충원 시인의 시집 『수묵화』의 작품들에서 필자가 중시하여 바라본 세계 역시 그런 관점이었다고 말할 수 있을 것이다. 각 시들에 내재된 시의 정신이 불변의 예술미와 어떻게 연결되고 있으며, 그 불변의 예술미를 담기 위하여 무한한 변수의 선택적 조합을 어떻게 활용하고 있는가를 나름대로 탐구한 것이라고 할 수 있을 것이다.

　늦은 나이에 문단에 등단하고 첫 시집을 낸다 해도 이 인생 수행길에서 그게 무슨 대수랴. 시집 속을 들여다보니 시인은 평생 이 첫 시집을 준비해 온 것처럼 탄탄한 내공을 지니고 있었다. 모든 일에는 그만한 이유와 사연이 있었으리라. 문장의 섬세한 감각을 기본 바탕으로 하면서 간명한 문장과 생략과 압축 등을 통한 여백의 묘미는 시인이 평생 추구해 온 철학적 정신세계와 결합하여 상승 작용을 이루고 있었다. 한 예술가가 추구하여 얻어낸 예술세계는 그 자체로 하나의 우주성을 담고 있는 것이라고 할 수 있다. 예술은 끝없는 변화 속에서 실험 과정을 거치며 각자의 가슴에 존재하는 우주의 불변성을 표현해 내는 미적 활동이기 때문이다. 장충원 시인이 보여 준 시의 미학 역시 진선미의 결합에서 오는 것임을 확인할 수 있었다. 자신의 본성을 탐구하는 가운데 절로 바깥으로 나타나게 되는 것이 곧 '사랑'이라고 할 수 있을 것이다. 『수묵화』는 장충원 시인이 실천하고 있는 '자리이타'의 정신을 오롯이 담아낸 시집이라 할 수 있을 것이다.

첫 시집인 만큼 작품의 질적 균등성에서 다소 고르지 못한 작품도 섞여 있으나, 현 시점에 이르기까지 디딤돌로 이어져 온 개인의 역사적 자취는 그 나름대로 소중한 가치를 지닌다 할 것이다. 장충원 시인이 추구하는 절대적 세계의 순리자연한 평화사상과 이미 터득하여 보여 준 시적 표현의 묘리는 앞으로도 상승 작용을 하게 될 것이고, 계속되는 변화와 실험 속에서 또 다른 수작들을 꾸

준히 생산해낼 것으로 믿는다. 시집 『수묵화』의 상재를 축하드린다.*

수묵화

발행 l 2025년 10월 24일
지은이 l 장충원
펴낸이 l 김명덕
펴낸곳 l 한강출판사
홈페이지 l www.mhspace.co.kr
등록 l 1988년 1월 15일(제8-39호)
주소 l 서울특별시 종로구 삼일대로 457, 501호(경운동)
전화 02) 735-4257, 734-4283 팩스 02) 739-4285

값 12,000원

ISBN 978-89-5794-598-8 04810
    978-89-88440-00-1 (세트)

※저자와의 협약에 의해 인지는 생략합니다.
※잘못된 책은 바꾸어 드립니다.